G000108285